Titles by Langaa RPCIG

Francis B. Nyamnjoh
Stories from Abakwa
Mind Searching
The Disillusioned African
The Convert
Souls Forgotten
Married But Available
Intimate Strangers

Dibussi Tande
No Turning Back. Poems of Freedom 1990-1993
Scribbles from the Den: Essays on Politics and Collective
Memory in Cameroon

Kangsen Feka Wakai
Fragmented Melodies

Ntemfac Ofege
Namondo. Child of the Water Spirits
Hot Water for the Famous Seven

Emmanuel Fru Doh
Not Yet Damascus
The Fire Within
Africa's Political Wastelands: The Bastardization of
Cameroon
Oriki'badan
Wading the Tide
Stereotyping Africa: Surprising Answers to Surprising
Questions

Thomas Jing
Tale of an African Woman

Peter Wuteh Vakunta
Grassfields Stories from Cameroon
Green Rape. Poetry for the Environment
Majunga Tok: Poems in Pidgin English
Cry, My Beloved Africa
No Love Lost
Straddling The Mungo: A Book of Poems in English &
French

Ba'bila Mutia
Coils of Mortal Flesh

Kehbuma Langmia
Titabet and the Takumbeng
An Evil Meal of Evil
The Earth Mother

Victor Elame Musinga
The Bam
The Tragedy of Mr. No Balance

Ngessimo Mathe Mutaka
Building Capacity: Using TEFL and African Languages as
Development-oriented Literacy Tools

Milton Krieger
Cameroon's Social Democratic Front: Its History and
Prospects as an Opposition Political Party, 1990-2011

Sammy Oke Akombi
The Raped Amulet
The Woman Who Ate Python
Beware the Drives: Book of Verse
The Wages of Corruption

Susan Nkwentie Nde
Precipice
Second Engagement

**Francis B. Nyamnjoh &
Richard Fonteh Akum**
The Cameroon GCE Crisis: A Test of Anglophone
Solidarity

Joyce Ashuntantang & Dibussi Tande
Their Champagne Party Will End! Poems in Honor of
Bate Besong

Emmanuel Achu
Disturbing the Peace

Rosemary Ekosso
The House of Falling Women

Peterkins Manyong
God the Politician

George Ngwane
The Power in the Writer: Collected Essays on Culture,
Democracy & Development in Africa

John Percival
The 1961 Cameroon Plebiscite: Choice or Betrayal

Albert Azeyeh
Réussite scolaire, faillite sociale : généalogie mentale de
la crise de l'Afrique noire francophone

Aloysius Ajab Amin & Jean-Luc Dubois
Croissance et développement au Cameroun :
d'une croissance équilibrée à un développement équitable

Carlson Anyangwe
Imperialistic Politics in Cameroun:
Resistance & the Inception of the Restoration of the
Statehood of Southern Cameroons
Betrayal of Too Trusting a People: The UN, the UK and
the Trust Territory of the Southen Cameroons

Bill F. Ndi
K'Cracy, Trees in the Storm and Other Poems
Map: Musings On Ars Poetica
Thomas Lurting: The Fighting Sailor Turn'd Peaceable /
Le marin combattant devenu paisible
Soleil et ombre

**Kathryn Toure, Therese Mungah
Shalo Tchombe & Thierry Karsenti**
ICT and Changing Mindsets in Education

Charles Alobwed'Epie
The Day God Blinked
The Bad Samaritan
The Lady with the Sting
Exhumed, Tried and Hanged

G. D. Nyamndi
Babi Yar Symphony
Whether losing, Whether winning
Tussles: Collected Plays
Dogs in the Sun

Samuel Ebelle Kingue
Si Dieu était tout un chacun de nous ?

Ignasio Malizani Jimu
Urban Appropriation and Transformation: bicycle, taxi
and handcart operators in Mzuzu, Malawi

Justice Nyo' Wakai
Under the Broken Scale of Justice: The Law and My
Times

John Eyong Mengot
A Pact of Ages

Ignasio Malizani Jimu
Urban Appropriation and Transformation: Bicycle Taxi
and Handcart Operators

Joyce B. Ashuntantang
Landscaping and Coloniality: The Dissemination of
Cameroon Anglophone Literature

Jude Fokwang
Mediating Legitimacy: Chieftaincy and Democratisation in
Two African Chiefdoms

Michael A. Yanou
Dispossession and Access to Land in South Africa:
an African Perspevctive

Tikum Mbah Azonga
Cup Man and Other Stories
The Wooden Bicycle and Other Stories

John Nkemngong Nkengasong
Letters to Marions (And the Coming Generations)
The Call of Blood

Amady Aly Dieng
Les étudiants africains et la littérature négro-africaine
d'expression française

Tah Asongwed
Born to Rule: Autobiography of a life President
Child of Earth

Frida Menkan Mbunda
Shadows From The Abyss

Bongasu Tanla Kishani
A Basket of Kola Nuts
Konglanjo (Spears of Love without Ill-fortune) and
Letters to Ethiopia with some Random Poems

Fo Angwafo III S.A.N of Mankon
Royalty and Politics: The Story of My Life

Basil Diki
The Lord of Anomy
Shrouded Blessings

Churchill Ewumbue-Monono
Youth and Nation-Building in Cameroon: A Study of
National Youth Day Messages and Leadership Discourse
(1949-2009)

**Emmanuel N. Chia, Joseph C. Suh & Alexandre
Ndeffo Tene**
Perspectives on Translation and Interpretation in
Cameroon

Linus T. Asong
The Crown of Thorns
No Way to Die
A Legend of the Dead: Sequel of *The Crown of Thorns*
The Akroma File
Salvation Colony: Sequel to *No Way to Die*
Chopchair
Doctor Frederick Ngenito

Vivian Sihshu Yenika
Imitation Whiteman
Press Lake Varsity Girls: The Freshman Year

Beatrice Fri Bime
Someplace, Somewhere
Mystique: A Collection of Lake Myths

Shadrach A. Ambanasom
Son of the Native Soil
The Cameroonian Novel of English Expression:
An Introduction

**Tangie Nsoh Fonchingong and Gemandze John
Bobuin**
Cameroon: The Stakes and Challenges of Governance and
Development

Tatah Mentan
Democratizing or Reconfiguring Predatory Autocracy?
Myths and Realities in Africa Today

Roselyne M. Jua & Bate Besong
To the Budding Creative Writer: A Handbook

Albert Mukong
Prisoner without a Crime: Disciplining Dissent in
Ahidjo's Cameroon

Mbuh Tennu Mbuh
In the Shadow of my Country

Bernard Nsokika Fonlon
Genuine Intellectuals: Academic and Social
Responsibilities of Universities in Africa

Lilian Lem Atanga
Gender, Discourse and Power in the Cameroonian
Parliament

Cornelius Mbifung Lambi & Emmanuel Neba Ndenecho
Ecology and Natural Resource Development
in the Western Highlands of Cameroon: Issues in Natural
Resource Managment

Gideon F. For-mukwai
Facing Adversity with Audacity

Peter W. Vakunta & Bill F. Ndi
Nul n'a le monopole du français : deux poètes du
Cameroon anglophone

Emmanuel Matateyou
Les murmures de l'harmattan

Ekpe Inyang
The Hill Barbers

JK Bannavti
Rock of God *(Kilän ke Nyùy)*

Godfrey B. Tangwa (Rotcod Gobata)
I Spit on their Graves: Testimony Relevant to the
Democratization Struggle in Cameroon

Henrietta Mambo Nyamnjoh
"We Get Nothing from Fishishing", Fishing for Boat
Opportunies amongst Senegalese Fisher Migrants

Bill F. Ndi, Dieurat Clervoyant & Peter W. Vakunta
Les douleurs de la plume noire : du Cameroun
anglophone à Haïti

Laurence Juma
Kileleshwa: A Tale of Love, Betrayal and Corruption in
Kenya

Nol Alembong
Forest Echoes (Poems)

Marie-Hélène Mottin-Sylla & Joëlle Palmieri
Excision : les jeunes changent l'Afriaque par le TIC

Walter Gam Nkwi
Voicing the Voiceless: Contributions to Closing Gaps in
Cameroon History, 1958-2009

John Koyela Fokwang
A Dictionary of Popular Bali Names

Alain-Joseph Sissao
(Translated from the French by Nina Tanti)
Folktales from the Moose of Burkina Faso

Ada Bessomo
Obili Blues (Le sel offert au Miel)

Obili Blues

Le sel offert au miel

Ada Bessomo

Langaa Research & Publishing CIG
Mankon, Bamenda

Publisher:
Langaa RPCIG
Langaa Research & Publishing Common Initiative Group
P.O. Box 902 Mankon
Bamenda
North West Region
Cameroon
Langaagrp@gmail.com
www.langaa-rpcig.net

Distributed outside N. America by African Books
Collective
orders@africanbookscollective.com
www.africanbookscollective.com

Distributed in N. America by Michigan State
University Press
msupress@msu.edu
www.msupress.msu.edu

ISBN: 9956-616-49-4

Peintures d'Alizon
Photographies d'Ada Bessomo

DISCLAIMER

A Fatouma Chantal

Je cesse d'être debout
Parce que partout ces mêmes laideurs
Qui fourrent les poubelles
A hauteur des espoirs déchus

Alors cesser seul de
Marcher avec en bouche
Ce goût des morts
Leurs regrets
Leurs humeurs

Cesser cette lèche des lèvres
Aux fronts lardés vérolés des mendiants
Sur ces enseignes blessées de slogans
Cette ville de viols flétrie
Ces fleurs de meurtres veules
Aux vérandas près des déjections canines

Le tour de poitrine de la voisine
Aura beau maigrir sous la despote
Oppression de la première misère
Ou même le premier cancer
Qu'importe
Je ne sais plus dire

Les réveils ne nous apportent plus
Les mêmes nouvelles
Les dernières nouvelles
Les nouvelles fraîches
Celles repues des
Ambitions de sillonner des artères
Ouvertes à mains saines

Non plus ces nouvelles
Repues de mangues grosses
De jus soustraites aux jeux
Des trafics des lendemains

Nous ouvrons désormais les yeux
En danseurs obscènes des tours de reins
En chants brûlants de maux sexuels
Les réveils dans le ventre du vide
Sont désormais notre révolution

Maman à ma faim pense
Et présente au jour indolent
Sous la bienveillance des prières
L'assiette de flageolets rouges
Riches des souhaits que je l'entendais
Coudre en nappe immense
Les nuits défraîchies des descentes des
Flics passés chercher les fruits
De leurs complaisances aux crimes
Dans les alcools de palme et de manioc

Elle songe toujours à cette nuit
Au caboulot lorsqu'une faim sans-gêne
Me lança la main au panier
De beignets de façon voleuse
Ma mère

Les trafics où tant de fois
J'ai trempé depuis cette nuit-là
Pour ma faim ma soif
Sans boussole
Vêtu de l'habitude raide têtue
De férir coup pour coup
Contre le monde établi des cailloux
Mécréants aux perrons des ministres
Des goules aux parfums rares
Des bouches qui bâillent leurs rêves
Baveux à l'Europe des ordinateurs

J'aurai la mienne demain même
Juré que demain je l'aurai la mienne
Et l'aurai même si je lui cours après
Les chevilles allégées des baskets
A la mode de l'Amérique marchande
Depuis dix ans depuis
Un midi sectaire d'orage insolent
Vétilleux où ces enjoliveurs boueux
Me firent deux belles tendinites
J'aurai la mienne
Juré je l'aurai

Je l'aperçois chez les autres
Tous les autres
Veinards animés déjà
De coutures de cynisme miniatures
Autrement larges toutefois
Que les latrines de notre mouchoir
De quartier

L'enfant tombée dans la fosse d'aisance
Etait grosse des joues comme du front
On la repêcha ronde encore des joues
Davantage surtout du ventre et la peau
Prête pour un autre trou
Sombre et béant comme la tombe
Du dernier chien Sultan que j'aimais
Je l'aurai la mienne demain même

Que faisons-nous à Obili
Debout détaillant nos pénis
Quand chaque matin
C'est au bain que les soins
Des mères les ont allongés

Rien n'aura rassuré nos virilités
Nous ne sommes jamais plus nus
Que sous la lune avachie ou
A la clarté délirante des jours
Quand les désirs de jacter d'ici
Nous déchirent les pieds
De démarches bilieuses pour un visa
Vers le premier ailleurs

Dans un bouge
Obili
Manger est voler
Boire est lutter
Courir suspect
Tel l'instruction ouverte
Contre l'anonymat recommandé
Par les dieux couchés eux
Des maroquins plus loin
Sur le cul de nubiles écartelé
Par les perspectives des dollars
Yen ou euros
Je l'aurai la mienne
Juré

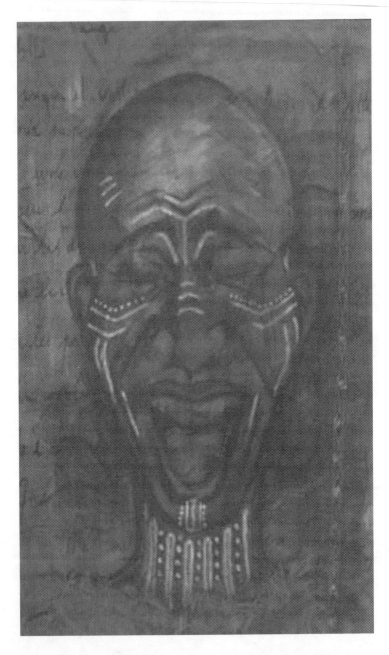

Me mettrai pour elle en frais
Comme au temps d'adolescent où
Je baignais les bouteilles les récurais
Pleines du pus des cafards de foutre
Pour un concert un seul près d'elle

J'avais déjà vécu le présent
Des repas vomitifs chaque jour
J'avais déjà connu le présent
Des culottes partout trouées
Chaque jour lustré le présent du crachat
Que j'avalais parce que je voulais de l'eau

Connu le jour où je mendiai
La cassave du maître
Cela sans vergogne
Parce qu'il la brandissait à mon nez
L'iris un brin trop fier

Ce n'est pas ce présent
Des dents cariées
Genoux cagneux
Ou tête qui loge en ses poux
La conscience ruineuse d'un médecin véreux

Un présent décrit grâce aux ceinturons
A grosses boucles de mon frère
Dans les chairs de sa compagne

Dominant les plaies des boucles
Même les hurlements de sa fouteuse
Comme il les appelle toutes
L'absence du dernier désir de vague étale
En ce cendrier des sens
Obili

Ce n'est pas non plus ce présent
Que je fréquente
De la mémoire lézardé
Où mômes et cartables vont
Avilis dans une procession
De chenilles torve

Mon cousin qui défausse sa mémoire
A l'approche rengainée des examens
Du sang et du baccalauréat
Et de lui-même qui se réfugie
A l'asile des aliénés
Soulagé prophétique

Cette météo-là comprend
Les syphilis honoraires
D'infortunés enfants
Qu'ils attrapèrent en visite
Chez les épouses putains
De militaires pourris

Les seringues de solutions de glucose
Additionnées de sang de guenon
A s'injecter désormais dans des cris hilarants
Les soirées d'infections virales

Tu m'avais promis de soutenir
Dur très souvent nos faiblesses
Tu m'avais juré de revenir
Souvent nous confier le débit
Guinéen ou camerounien de tes compromissions
Accouplé à l'écologie de ce pays triangle

Il nous fallait bien croire en toi
Qui confondais les menaces
D'orage d'Obili

Tu m'avais promis un autre temps

Un autre temps que ce foutre
En averse lourde sur nos têtes
Des jours sidéraux
Des nuits foireuses
Avec nous réduits à courir des guirlandes
De bric et de broc vendues
Dix meurtres ou mille traîtrises l'une
Ma sœur fichée dans un rictus
Hilare parce que saignée par
Une frénésie de putain
Milliardaire par exemple

Gars,

Nous en sommes encore là, et ce n'est pas faute de posséder nos plans d'évasion de ce cimetière des mangues

Nous en sommes toujours là, à pas pouvoir dénicher le billet pour un autre trou que le nôtre; la personne ou le maroquin pour nous ouvrir le bon bureau, pour nous bâiller le bon boulot

Je roule toujours à la main tendue, ma fierté toujours évanouie quand pour une pièce un pantalon une nuit de solitude absente je prie Eyo

Une promesse s'est fichée dans mes projets aujourd'hui. Une promesse fille. Promenade d'éclat. Morte de la luette et habile des regards telle le lynx à l'affût. Formée des silences nombreux de multiples pluies sur ma peau

La lune ce soir ombrageuse. Garons-nous loin des ombres des coins à coucher. Voyageons dans les ruisseaux quinquennaux

Gars,

La lune est apparue hier soir, en rastas et de chair fière, alors que je te parlais de ma voie prochaine. Me suis trouvé si frêle face au courage qu'elle montre à maudire le cimetière où nous dansons

Je sors de ma tombe, gaillard et averti des muscles qui me manquent pour une allure d'athlète des ministères, quand son dos, courbure prononcée, arrête mes pas

Une promenade d'éclats dénonce le choléra que j'allais présenter aux infirmières, ce sont ses moulinets frustes, du chinois pour moi, sensibles à l'averse qui charroie la ville, que j'estime appelant la terre à la fête des ignames

Les fraternités gémellaires de mes désirs exaltées dans ce dos, cette accentuation vertébrale pour moi mygale devineresse

Silences au cratère de ses reins

Je conçois mon excitation alors tambour hurlant comme érigeant une marge entre les cris des agonies infantiles et les crissements des serrures lâches sous les effractions d'amis ambitieux

Me noyer parmi ces fraternités ou réclamer mon dû à ces autres les effractions

Gars,

Quidam et macaque pour certains le ruissellement des heures me chavire vers le premier ailleurs effrayé

Je flanque les branchies d'ombrines livide de faim amateur d'un gospel marin

Tous ces honneurs dans l'huile brûlante des beignets vespéraux

Lire l'ouverture en labyrinthe des procédures de bakchich aux visières des pompiers

Progresser purulent parmi les épluchures le long des fondrières

Pousser mon ambition de fuir le quartier en sumotori de haut vol

Tenter de vaincre la crête du morne de mon orgasme en èlle

Je flanque le train d'atterrissage tenaillé des éternuements fièvreux

Quidam et macaque en vain le rotor de l'avion sermonne la carlingue qui explose les services de l'aéroport

Demain encore progresser purulent parmi les épluchures le long des fondrières

M'étaler par louches creuses de foutre dans les draps souillés de ma putain préférée

Parce que les fers lui ouvraient les poignets
Les chevilles les offrant à leurs crocs
Parce que les chevilles lui faisaient enflammés
Mille écartèlements
Pour demeurer debout au-delà des ordres
Des menottes aux murs aux chairs
Les matins retournaient aux matins
Comme catins aux maquereaux
Dans les murs visqueux de Kondengui
Saignants et de forfaitures gluants
Parfaits par la tyrannie des minutes maçonnes
Leurs complices dans le vice

Le chant du condamné à mort
Franchit les cellules de terre sèche
Enfonce les poitrines brûlées de banga
Des mineurs meurtriers amassés
Trentaines par trentaines dans ces bacs de pestilences

Notre pacte tiendra toujours
Taire notre vie entière
L'instinct sorcier qui condense
La nuit où deux complices
S'éventraient l'innocence du viol
Enthousiaste et minutieux d'une aïeule

Gravats
Rien que gravats
Quand la moite étreinte des abats du boucher
Restaure les ruelles cancéreuses des quartiers
Obili ne sera pas en reste
De ces ongles impaludés vernis dans les bars
De ces blennorragies rampantes reçues en partage
Au détour de la station de bus
Station terminus

La toux des âtres enfumés
Déferle âcre et sournoise dans
Les tuyaux rouille des canalisations
Enfile le regard du premier communiant
Fier qui enfin connaît le sacrement du pain
Un instant la jaunisse qui ne quitte plus
Ses yeux elle aussi communie dans cette fierté

Des eaux de ruissellements
En baisers d'amants
Insouciants
Combien d'attentes
Lourdes d'asthmes
Tournent comme ces lèvres
Les eaux
A l'aigre
Combien donc

Jugé par contumace
Son tort majeur
Demeure de dire la légende
Des jumeaux vengeurs ridicule
De prophétie

Les jumeaux vengeurs
Etaient surtout les jumeaux
Magiciens
Conçus dans les lèvres gercées
D'une antilope naine

Jugé par contumace
Son tort majeur
Reste aussi cette certitude
Que dire autre chose
Que la légende des magiciens
Serait autrement coupable

Obili
Pays des poussières
Des rigoles fières de tessons
Conjuguées aux scarifications
Extra lucides dans les dos

Obili
Conspué par les soupçons
Nerveux d'un cueilleur d'alcool
De palme noceur

Obili
Pays d'ornières lépreuses
Jugé par contumace

Tu verras combien nous mangeons
D'amour les ventres denses de courroux
Tu verras quels outrages fourbissent les
Rires des fourmis
Alignées magnans voraces
Autour des pieds de bananiers
Joufflus

Ce spectacle d'une clairière fictive
Avec à ses lisières des
Machettes qui retiennent la course
Des faims le galop des soifs
Nos destins posés sur le tranchant
D'armes blanches
En spectacles de bienfaisance

Ce seront des futurs d'escales
Sombres pointillés de gerçures
Stellaires
Grandes comme les bris des cœurs
De filles séduites en princesses
Ensuite épousées pour un régime polygamique
Minable de solitudes tortionnaires

Me diras-tu encore demain
Derrière des tôles tordues
De douches de fortune
Qui d'autre qu'un fondé de pouvoir
Ouvert à toute urgence sentimentale
T'offre son entregent contre ta soumission
Sexuelle un partenariat dynamique
De menées
Mafieuses
Sinon l'éternel Obili
Acteur de défaites majuscules

Tu sais
L'éducation sans horizon
Sans dignité d'Obili
Les programmes pétrifiés
D'études montés au débotté
Discours d'une lame de mer
Enfonçant les terres délabrées
Est-ce seulement l'art de périr exsangue
Que ce pays nous assurera toujours

Entamer des deux paumes
La charpente énervée de ton dos
En aube de brume lourde
Foutue en l'air
De nos deux consentements
Lèvres contre lèvres
Nos pauvres douceurs à nous
Pour unique ceinture

Obili
Où je me figure
Genève écoulant
Des tours de reins
En dépenses somptuaires

Me faudrait fumer
Les rigoles
Que je flairais
Hier déjà
Tes hanches infiltrées par
L'absinthe de contrebande
Sachant que demain
Trop de contrats
Seront les soudards
Que nos rues savent exécrer

Le blues
Que chantent les rues
Simiesques du
Centre ville
Hottentot et pygmée
Oscille aussi foisonnant et concentré
Dans l'œil de la panthère des neiges

J'ose croire que ce blues
D'outre-tombe
-Celui des voix d'ancêtres en vénération
Le soir arrivé de quelque crâne
Enrichi d'une guerre essentielle
Que jamais plus il n'est que d'oublier-
Ce blues d'outre-tombe
Se chante place des régals

Samedi soir
Dans ta poche
Enfoui dans
Mes peurs maraudes
En langueurs soumises
Je te suis

Vire à gauche du carrefour
Et je frissonne
Frileux et fouine
Je frissonne à court de souffle
Dans ta poche

Col à morne
Ta caresse que je quémande
Ta peau mutine moi maladroit
Serre-moi dans tes doigts
Tes draps
Et c'est un meurtre prémédité
Ce silence de grotte
Choquant les parois
De ta chambre d'hôte

Samedi soir
Soleil
Où nous bombons
Deux solitudes
De murmures d'haleine lourde
Des questions craintives soudées
Pourtant si solitaires des cœurs
Tellement solitaires nos coeurs

Douille nous sommes
D'un alliage tellement
Insolite
-Hostie de vérole
Avec des copeaux pour sang-
Qu'il va falloir
Que tout implose de ces
Billots dorés de douleurs
Sournoises

L'épervier en vol au-dessus des poussins
Tourne aussi autour du souvenir vomitif
D'une gifle sur des yeux grands ouverts
Pierreuse et pimentée la gifle
Dents serrées
L'enfant en égare ses retenues
Laisse errer ses groles le long des larmes
Puis vomit des mots aussi frelatés
Que les sentiments qui l'ont violé plus tôt

T'ouvrir les jugulaires aux murs
Fabriquer du cœur avec des foules
Enrhumées les soirs de carême
Des cœurs qui toussent
Des rubis de contrebande
Des jugulaires qui parfois tapissent les
Airs d'Obili

Nous dirons demain des sueurs descellées de la grande faim
D'où que cela vienne la main seule sera l'essentiel
Parfois une percussion se verra fendillée d'insolite
Hoquet et alors nos corps dépiécés par la caillasse des carrières
Tout dégoulinants de leurs efforts
Sauveront leurs répertoires pentatoniques
De l'incendie claironné par les brumes aux collines

Nous prendrons notre courage au nerf de bœuf
Placides presque à l'excès
Confinés dans les colères des manguiers
Redevenus amicaux toutefois
Notre rôle de chlorophylle s'inscrira de folies lumineuses
Aux museaux mouillés des chiens galeux

Nous dirons demain combien nous sommes nus de tous
les artifices

Avec cela cette nouvelle mortelle
D'effroi parmi mes chairs
Mon sang que mille malheurs vérolent
Malédiction dans mes veines désormais

Quitte pour m'évaser en écoulements banals
Vomir encore plus loin les frontières de ce bouge
Vomir encore plus haut dans l'air moribond
Des épluchures rôties par les chaleurs
Les ossements parjures
Les insultes colossales
Hérités de tant d'années de quiproquos
Comme d'autant de condamnations à téter les truies

Cette nouvelle lueur instaurée des sarcasmes et poussive
du rythme
Demain les reins qui chancellent désormais
La charpente du monde que fissure d'angoisses d'asthme
ma démarche
J'ai les jambes traversées de chevrotine massive
Pourtant de songer que j'avais ma chance mon horizon
Bien armé tout allongé
Dire que par sympathie avec le débarcadère ivre
J'étendrais bien encore mes étreintes aux confidences
De ce palmier sommeilleux
Qui balance aussi d'orgueil comateux
J'essaime des langues coupées au galet
Tuer ces douleurs de peur de finir ridicule de tremblements
Ne pas finir ridicule
Ne pas être tremblements de douleurs
Inspirer encore une fois le chant du pêcheur de sel
Juste une fois

Ce que c'est une palombe en vol
Aspirée par l'ivresse d'une balle
Sillon ouvert d'une pupille où le cancer
Ou peut-être même la charge fatale d'un virus
Souscrit la sculpture d'un sort implacable
Cette inspiration du coma pour s'épanouir
En gerbes hautaines parmi les réunions d'Obili

Des pieds amassés que parcourent
Des brûlures solidaires
De tuer le diable par la queue
A l'instant précis de la saison des larmes

Nous amassons d'ici là les décrépitudes
Lisant en elles tel en un miroir hilare d'océan
Le refrain lancinant du charognard repu
De macchabées frais

Je ne sais pas qui ce soir part pour Paris
Les langues se sont déliées très tard
Trop tard pour moi
Lorsque Elanga l'a révélé du fait de sa bouteille
Qui le quitte comme seul le sommeil ou le coma
l'emportent
De tous les bruits d'où émergent les regrets à certaines
fenêtres
L'impatience en une colère froide rythme
Un cri dans mon ventre mort
De voir de tomber le masque de cet avion qui passera
Emporté par les frustrations qu'il laisse derrière son train

Qui donc est le père de ce retard
Que je recueille dans les mains
Ces rails de fourmis qu'on dit destin
Etirés sur des rifts des défaites des résolutions franches
Je me souviendrai volontiers de Paris termitière d'excès
ivre
Je me souviendrai oui de mes yeux bruns de brume
La corpulence simiesque du chauffeur de bus que je crus
toute parisienne

Pieds nus sur une
Langue de pangolin
Bouche de goudron
Offerte à deux couteaux
Avec la langueur d'une étreinte
De paresseux joyeux
Mes mains sur un fucus vésiculeux
J'appâte un escarpement
Recouvert de poussières de lune

Avec ces poussières de lune
Les deux mains et l'œil
Une débauche de peurs
Vicinales qui fleurirait
Les assiettes de contributions
Comme celles des concussions
J'attends que tu nous reviennes
Ce soir
Demain
Ou le siècle prochain

Ce soir
Demain
Ou le siècle
Prochain
Le galop dans la plaine
D'arômes mélange de miel et d'ombre
Te rapproche déjà de mon lit

Je vais me souvenir que nous aimions
Revenir des treize soupçons d'obstacles
Tous ceux que les superstitions
Laissent debout sous nos pas l'air de rien
Afin de se jouer de nos frimes

J'énumère
En attendant
Les œuvres
Charnelles
De corps à corps
De goules
Et de prétendus
Gigolos
A l'ombre
Des palmiers

Ce matin nous soupçonnons
Comme d'habitude parmi les cris
De la voisine tabassée des raisons autres
Que le rituel festif des allers et retours
Entre les cyber espaces et les chambres d'hôtel
Louées par quelque footeux fêtard
Retour d'hiver d'Europe

Mais qu'importent nos soupçons
Nos avis ce que nous savons
Des raisons profondes des douleurs
De pas manger à sa guise
Son frère qui martèle avec application
Sa leçon de réalisme n'étonne plus personne
Cette fois il jurait bière en main hier
De tout faire pour ne plus jamais
Manquer de cette dignité-là
Sa bière tiède sa dignité cynique

Alors qu'elle rameute de ses cris
Le quartier entier d'Obili
Qu'elle égare dans ses appels au secours
Sa foi en l'homme ou en toute liberté
Ressemble au chant du calao le soir
Parmi les palmiers

À Aurélie Patience

Loin les rouge-gorge
Les varechs assoiffés
Que la mer arrachée à des
Dieux coquins nargue hilare
Loin déjà l'escalier de pénombre
Qui a soutenu la parade puérile
Des adieux
Des derniers gris-gris
Les ultimes murmures à
L'adresse des pleurs de la mère
Qui reste défaite
La fatalité des heures
Encore à souffrir et
La certitude du choix
Implacable
C'est là-bas que se jouera
Désormais la part
Voulue joyeuse
Des jours d'une vie
Que tu souhaites
Conditionnée d'orangers frais
De manguiers fringants
D'un miel que toi-même
Auras acheté aux abeilles bienveillantes

Tu as passé les premiers cordons policiers
Laissé sur leur faim certains soucis
Intimes urgences criminelles
Du désir de prendre possession
Du corps qu'on t'a fait
Des élans qu'il connaît
T'estimer vernie pour autant
N'est déjà plus ton affaire
Les sièges pour tuer ton attente
De là-bas
Froids et muets
Indiquent le temps que
Tu vas devoir séduire
Si rester vivante est le but
De ton départ
De ton combat
Car tu pars comme
On combat le grand froid
En frissonnant sans façons
L'hiver déjà
L'hiver à tes chairs
C'est le grand gel au cœur
Que tu attends sur des sièges blasés
L'accession à ces hivers
A ces automnes métronomes
Que depuis tu te jures d'avoir
Un jour toi aussi pour sommier

Ce ne sont que portraits de cire
Les ombres portées d'une procession
D'airs faméliques

Des visages distraits aux poteries
Qu'ils ornementaient
Parfois il y a cette voix dans ta tête
Qui mêle l'envie d'ailleurs
A la fatalité de ne pouvoir quitter
Tout à fait l'accent de son sein maternel
Cette voix qui t'inquiète
Ou mieux livre aux ronces tes frayeurs
Tes primes frayeurs oui
Tu n'auras pas ton dessert ce soir
Tu n'iras plus au cirque
Tu dormiras seule
Dans un lit tout grand du coup
Un lit tout froid tout grand

La voix dans ta tête
Active des flammes
Animales comme les
Fouets d'inquisition
De cette enfance
Que tu fuis
Que tu fuis
Rompue par ses intolérances
Ses menottes son cloître
La régulière puissance de
Son principe détergent
Expulser de ton âme
Le moindre goût pour l'amour
Le moindre goût pour la patience
La tolérance des différences

Ravagée. Ravalée. Eparpillée. J'ai toujours emprunté les sentiers que tu posais sous mes pas pourtant.

J'ai toujours respecté les choix que tu as opérés pour moi.

Je n'ai jamais oublié de te dire merci à chaque bonheur que tu me donnais.

J'ai toujours remercié ta bonté au moment même du don que tu m'accordais.

Quand tu m'as guidée vers ici, j'ai pensé que tu m'ouvrais pour une nouvelle chance.

J'ai dû partir. Refuser de leur dire que je partais. Je les quittais tous, je devais trouver la terre de mon apaisement.

Tu sais seul à quel point ma décision me coûtait...

J'ai pensé que c'était le choix que tu me permettais de faire.

Laisser mes mères sans nouvelles jusqu'à mon retour possible.

Obili m'a couvée, élevée, choyée, adorée. Je sais.

Obili m'a aussi empoisonné le sang. Tu sais.

Obili mon sang.

Le sang qui m'a nourrie me faisait mourir mille morts ces derniers temps.

J'ai cru que tu me murmurais d'aimer le bonheur plus que toute autre chose.

Partir. Mais où partir, puisque partout j'emporte Obili dans mes entrailles?

Cela même est mon premier malheur. Ne pas pouvoir l'oublier.

Malgré tout. L'aimer tel qu'il est.

Partir. Mais pourquoi dire au revoir avant, je n'ai jamais fait que me retirer un peu pour recouvrer des forces?

J'ai cru que tu m'accordais de naître à d'autres possibilités.

Je croyais voir ta main tendue pour me réhabiliter auprès du ciel.

Devrais-je comprendre que rien n'est possible sans leur bénédiction?

Que c'est faute de partir comme cela, seule, avec sa peine, ses déveines, sans en parler à ses soeurs même un peu?

Pouvaient-elles soulager les blessures que j'oublie de montrer qui me font quand même très mal?

... Seigneur, je t'en supplie, indique-moi...

Eloigne déjà cette peur de moi. Eloigne-le de moi. S'il te plaît.

Seigneur, j'ai peur. J'ai très peur. Il me fait très peur...

Sauve-moi de lui, je t'en supplie, à Nti... Pardon...Engogoal...

Maintenant que tu y es
Le temps est ton ordalie
Tu danses maintenant
De froid comme de joie
Tout le drame de cet espace
Est qu'il t'en donne à loisir
Le tapis d'aises à ton cœur
Epaissit à vue d'œil à vue d'œil
Tu fréquentes désormais les rues
Plus belles que froides les rues
Plus belles que riches
Elles t'inspirent des picotements rassurants
Ceux que tu n'avais jamais connus
Tu n'oublieras pas d'attendre au pas
De ta mémoire les signes d'éclairs nouveaux
Qu'elle ignorait jusque-là
Et parmi les courses de ces flèches
Les noms flagellés de la mangue
Les noms terrassés de l'igname
Le torse glabre du goyavier
La distance voudrait soulager tes vieilles douleurs
La colique de l'année dernière
Longue de toute cette année-là
Le rhume de l'année d'avant
Gaillard tout cet an-là
La bronchite qui les précédait
Toujours quand venaient les pluies
Les lieux désirent ici t'offrir de l'amnésie
Tu voudrais ne pas trembler de honte pourtant
Oublier au point d'en connaître le néant non
Tu te trouveras le silence qui découvre sans accuser
Réclamer est très souvent dépité
Ces lieux se prêtent mieux à l'âge qui t'opprimait là-bas

Moan wama, ma fille

Tu aimes à t'arrêter, tu aimes à hésiter chaque fois, tu appelles cela réfléchir, ma fille

Maintenant que tu t'en vas, va-t-en vraiment, éloigne-toi ce monde épars, va tout droit

Le pays, le pays, tu n'as eu à lécher que ces blessures-là

Ce ne sont pas les meilleures papayes pourtant, ma fille

Dans ton sac tu surprendras des graines que je te donne

Un cours d'eau timide au bras d'une sente discrète

Là-bas tu ne manqueras pas de tels endroits

Il y pousse je le sens des papayers que tu aimeras aussi

Verts pour le régal que ta patience, avec le temps chaud, te prépare

Rouges pour que tu attendes déjà le nouveau papayer à naître des pépins

Ni la langue ni la main ne te vaudront de lire la terre comme ton cœur

Ne tarde plus, ma fille, moan wama, ne tarde plus, une papaye ton cœur

La langue, l'œil et la rythmique du cœur surtout lui ont apporté

Cette épaisseur-ci du jus

Je reste, car je n'ai jamais noué de pacte avec les douleurs, ma fille

Des calebasses en ronde dans le dos

Toi ma fille avec ces calebasses

Moan wama, j'avance, j'avance, contente de mon sort, contente

Rien de ce qui t'a détruite ne m'est étranger

J'avance, mes calebasses de miel toujours frais au dos

Loin là-bas les plaies vilaines
Gagnées dans une maison de haines fortes
Les blessures reçues vu que tu es sa fille
Il n'écoutera jamais
Ton silence d'enfant déchirée ta voix poignardée
Tu laisses là-bas ses injonctions d'orgueil social
Toutes ses réservations de tes places d'honneur
Il n'y aura plus jamais les vanités vantardes pour te guider
Plus jamais d'insulte pour te lacérer l'innocence
Dans le dos de l'homme qui se trouve ton père

Ici, pas à pas ton cœur prend forme
Grand du ventricule doux de l'oreillette
Ici, le jasmin fréquente ton cœur ton œil
Les matins de froid inhabituel tu te sers une lavande
Te serres dans des bras tendres de satin noir
Puis le chant du mistral le mistral taquin
Te mène à des baisers de mangue bien mûre
C'est sans retenue que la langue de mangue jaune
T'enlève vers des terres dominées de jus sucré
De chair fibreuse de doigts de soie rare

C'est le ventre comblé de rires
Le ventre en temple bienveillant
L'œil applaudi par le soleil d'avant soir
C'est constante et entraînée dix mille fois
A la lutte pour rester debout que tu goûtes au repos
Enfin

Ils tirent d'un calibre inouï
L'air abreuvant de senteurs de poudre
L'innocence énervée des poumons
Ils tirent de manière inouïe
En direction d'un sentier criminel
Ils rendent à l'air son rythme de croisière
Ils donnent aux poumons un nouveau souffle
Les tirs de ce calibre insolite
Chassent le temps malheur de ces lieux

Les appétits de papaye sanguine
Les incursions dans le temps clément
Frisé de corossol frais les matins
D'une fraîcheur de source d'ombre le soir
Les appétits émerveillés de jujubes
Comme hommages au jujubier
Tout ce peuple en appétits
Qui va sa course discret affectueux